AF 359022

# LE THÉATRE CHEZ SOI

# CONTES

ET

# LÉGENDES EN ACTION

## LA DOUBLE MÉPRISE

CHARADE EN TROIS PARTIES

PAR

# JULES ADENIS

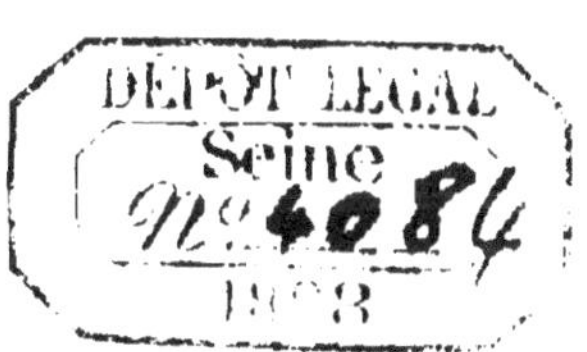

DÉPÔT LÉGAL
Seine
N° 4084
1888

# PARIS

A. HENNUYER, IMPRIMEUR-ÉDITEUR

47, RUE LAFFITTE, 47

—

1888

Droits de reproduction et de traduction réservés.

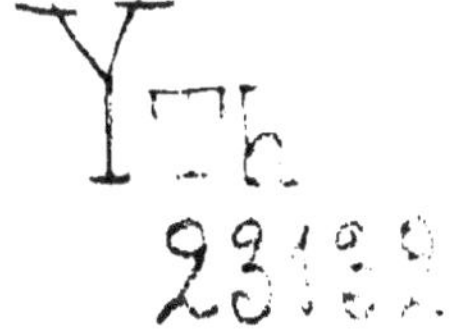

# LA DOUBLE MÉPRISE

## CHARADE EN TROIS PARTIES

PREMIÈRE PARTIE

LA FUGITIVE

DEUXIÈME PARTIE

LES FÉES

TROISIÈME PARTIE

LA DOUBLE MÉPRISE

# LA FUGITIVE

## PERSONNAGES

LA PRINCESSE MARIE DE ROTHSAY, vingt-cinq ans.
MISTRESS WATSON, jeune veuve, vingt-quatre ans.
JEMMY, vingt ans,
KILMÉNIE, dix-sept ans, } ses sœurs.

La scène se passe en Écosse, aux environs d'Édimbourg,
en 1745.

L'intérieur d'une chaumière, dans les montagnes de l'Écosse. Porte d'entrée au fond, portes latérales. A gauche, au premier plan, une grande cheminée. Une table devant la cheminée. Ameublement rustique.

## SCÈNE PREMIÈRE.

### MISTRESS WATSON, JEMMY, KILMÉNIE.

Au lever du rideau Mrs. Watson et Jemmy sont assises de chaque côté de la table, et filent toutes deux à la quenouille. Kilménie est debout, au fond, devant la porte d'entrée qu'elle vient d'ouvrir, et regarde au dehors.

MISTRESS WATSON.

Eh bien, Kilménie?

KILMÉNIE.

L'orage s'éloigne, mais la pluie tombe toujours.

MISTRESS WATSON.

Quel temps affreux!

JEMMY.

Triste temps au dehors, et triste maison à l'intérieur!

MISTRESS WATSON.

C'est vrai. Ah! depuis la mort de Watson, mon pauvre mari, rien ne nous a réussi. Comme on a raison de dire qu'un malheur n'arrive jamais seul! Demain, peut-être, nous serons toutes trois sans asile. On nous chassera de cette ferme où nous sommes nées. Si ce n'est pas le collecteur que nous ne pouvons payer, ce sera l'intendant du propriétaire à qui nous devons une année de bail.

KILMÉNIE, qui a descendu.

Eh bien, moi, je ne désespère pas encore.

MISTRESS WATSON.

A ton âge, c'est tout naturel.

KILMÉNIE.

Nous sommes honnêtes, laborieuses, et la Providence ne nous abandonnera pas.

MISTRESS WATSON.

Je le désire aussi vivement que toi, ma chère Kilménie, mais je n'ose l'espérer. Où veux-tu que nous trouvions les dix-huit livres sterling dont nous avons besoin pour nous acquitter? A qui les emprunter par le temps qui court?

JEMMY.

Oui. La misère ne suffisait pas, et voilà la guerre, maintenant. Le prétendant Charles-Édouard a réuni toutes ses troupes à Preston-Pans, à une lieue d'ici, pour livrer bataille au roi Georges. Et, depuis un mois,

notre pauvre pays est infesté de soldats et de marau-
deurs qui dévastent tout sur leur passage.

KILMÉNIE.

Sous ce rapport-là, nos voisins sont aussi malheureux que nous. Certes, c'est un bien grand fléau que
la guerre, mais ce n'est pas une raison pour perdre
courage. Si le collecteur ou le propriétaire, malgré la
rigueur des temps, nous renvoie de cette ferme, nous
irons travailler chez les autres, en attendant des jours
meilleurs.

MISTRESS WATSON.

Tu en parles à ton aise, petite sœur ; mais, va, il est
bien dur, à un certain âge, d'aller servir chez les autres
quand on n'a jamais travaillé que pour soi.

KILMÉNIE, gaiement.

Et puis, qui sait si quelque bonne fée ne viendra
pas à notre aide? Dans nos montagnes de l'Ecosse,
toutes les fées ne sont pas malfaisantes comme *les
femmes vertes!* Il y a aussi *les dames blanches*, qui s'in-
téressent aux malheureux, et qui, dit-on, quittent
leurs demeures inconnues pour venir les protéger ou
les secourir.

MISTRESS WATSON.

Tu es bien heureuse de pouvoir plaisanter dans de
pareils moments!

KILMÉNIE.

Je ne plaisante pas. Est-ce un pressentiment? En
vérité, je ne le saurais dire, mais je n'ai pas perdu
courage. On m'a si souvent raconté l'histoire d'Anna,
une jeune et jolie enfant que l'on avait surnommée

*la Rose du Perthshire.* Je dis : l'histoire... la légende,
si vous le préférez. Elle vivait, paraît-il, très malheu-
reuse, car elle était le souffre-douleur de ses frères,
gens injustes et cruels ! Or, un jour qu'il y avait eu un
grand orage — comme aujourd'hui — la pauvre petite
pleurait au coin du foyer, quand, tout à coup, elle vit
entrer précipitamment une belle dame qui lui dit...


## SCÈNE II.

LES MÊMES, LA PRINCESSE, entrant vivement par le fond.
comme une personne poursuivie.


LA PRINCESSE.

« Qui que vous soyez, protégez-moi ! Secourez-
moi ! »

KILMÉNIE, effrayée,

Dieu !

MISTRESS WATSON ET JEMMY, se levant avec un cri.

Ah !

LA PRINCESSE, écoutant au fond[1].

Rien ! Je n'entends plus rien. Ils ont perdu ma trace.
(Descendant.) Je vous ai effrayées, je le vois bien, et je
vous en demande mille pardons. Surprise par l'orage,
je me suis égarée en cherchant un abri. J'allais rejoindre la route, quand j'ai remarqué que j'étais suivie

_______

(1) Elle est coiffée d'un feutre d'amazone, avec plume, et
porte une grande mante, fermée devant et du haut en bas par
une rangée de vingt-quatre boutons.

par des gens de mauvaise mine qui, sans doute, voulaient me faire un vilain parti. A ce moment, j'ai aperçu votre ferme, et je m'y suis réfugiée. Voulez-vous me donner l'hospitalité pour quelques instants?

MISTRESS WATSON, avec humeur.

L'hospitalité? Il y a longtemps que nous sommes trop pauvres pour pouvoir l'exercer. C'est nous qui allons être obligées de la demander aux autres, et nous ne pouvons rien pour vous.

KILMÉNIE, d'un ton de reproche.

Ma sœur?...

MISTRESS WATSON, moins durement.

Non, nous ne pouvons rien. Cependant, s'il vous suffit de vous reposer là et de vous réchauffer à notre foyer, libre à vous. Kilménie vous tiendra compagnie. (A Jemmy.) La pluie a cessé. Allons, viens reprendre notre travail.

(Elles sortent par la gauche.)


# SCÈNE III.

### LA PRINCESSE. KILMÉNIE.

KILMÉNIE.

Il faut excuser ma sœur, madame. Je vous assure qu'elle est bonne... et charitable ; mais elle a eu tant de chagrins depuis l'an dernier, que son caractère s'en est ressenti. D'abord, elle a perdu son mari ; puis, la récolte a manqué et une épidémie nous a enlevé une partie de notre bétail; enfin nous sommes à la veille d'être expulsées de cette ferme, faute de dix-huit livres que nous ne pouvons payer.

LA PRINCESSE.

Ah! pauvres femmes!

KILMÉNIE.

Mais je ne vous parle que de nous... Asseyez-vous là, tenez, près de la cheminée et chauffez-vous, car vos vêtements sont trempés. Maintenant, ma sœur dit vrai : nous n'avons pas grand'chose. Cependant, je puis vous apporter une jatte de lait et un morceau de pain bis? C'est tout ce que nous avons à vous offrir.

LA PRINCESSE.

Merci. Vous êtes une bonne et aimable enfant! J'accepte avec plaisir, car je suis épuisée de fatigue, de froid et de faim!

KILMÉNIE.

Je reviens dans un instant. (Elle sort par la gauche.)


## SCÈNE IV.

LA PRINCESSE, seule.

J'ai trop présumé de mes forces, et je ne croyais pas que Preston-Pans fût si loin d'Edimbourg. On m'avait dit : trois lieues, mais ce sont des lieues de pays, qui comptent double! Et puis, j'ai eu tort de garder ce vêtement qui attire l'attention sur moi, au milieu de ces montagnes. Dieu sait quelles épreuves

m'attendent encore avant que je parvienne au but de
mon voyage. Il faut que j'arrive pourtant ; il le faut à
tout prix !

## SCÈNE V.

### KILMÉNIE, LA PRINCESSE.

KILMÉNIE, rentrant, avec une tasse de lait et un morceau de pain
qu'elle place sur la table.

Tenez, madame.

LA PRINCESSE.

Merci, mon enfant. (A part, en examinant Kilménie.) Si je
me confiais à cette jeune fille ?

KILMÉNIE.

Voulez-vous que je jette un fagot dans l'âtre ?...
Voilà le feu qui s'éteint.

LA PRINCESSE, préoccupée et la regardant toujours :

Inutile, chère petite, je n'ai plus froid. (A part.) Sa
physionomie est franche, ouverte, et, à cet âge-là, on
ne sait pas encore trahir.

KILMÉNIE, étonnée.

Pourquoi donc me regardez-vous ainsi, madame ?
(Naïvement.) On dirait que vous avez quelque chose à me
demander, et que vous n'osez pas.

LA PRINCESSE, mangeant et buvant pendant ce qui suit.

Vous avez deviné juste. J'ai beaucoup de choses à
vous dire, et un nouveau service à vous demander.

KILMÉNIE.

Parlez, madame, et ce service, s'il dépend de moi
de vous le rendre...

LA PRINCESSE.

Mais, avant tout, il faut que je puisse compter sur
votre discrétion. Il s'agit d'intérêts les plus graves, je
vous en préviens. Il s'agit de la destinée d'une nation
peut-être. Jurez-moi que vous ne répéterez pas un
mot — même à vos sœurs — de ce que je vais vous
confier?

KILMÉNIE.

Je ne répète jamais, à qui que ce soit, les secrets
qui ne m'appartiennent pas.

LA PRINCESSE.

Bien! Apprenez donc, mon enfant, que je suis la
cousine de Charles-Édouard, le prétendant.

KILMÉNIE, étonnée.

Vous, madame !

LA PRINCESSE.

Je me nomme la princesse Marie Stuart de Rothsay.
Charles-Édouard et moi nous avons été élevés en-
semble, comme frère et sœur.

KILMÉNIE, joignant les mains et à elle-même.

Bonté divine! Une princesse!

LA PRINCESSE.

Vous devez comprendre alors combien je m'inté-
resse au succès de l'expédition qu'il a entreprise, et
qu'il n'a pas entreprise par ambition, je vous le jure.
Charles-Édouard n'est pas un ambitieux, mais il ne
s'appartient pas. Les Écossais ne peuvent supporter

le joug de l'Angleterre. Leur religion, leurs lois, leurs
mœurs, tout les en sépare. Ils tendent alors les bras
vers le fils de leurs anciens rois, ils l'appellent pour
qu'il vienne les aider à reconquérir leur vieille indé-
pendance, leurs anciennes libertés.

KILMÉNIE.

Vous dites vrai, madame, et tous les clans de nos
montagnes sont pour lui. Sous la bannière de Wallace
et de Robert Bruce, ils sont prêts à marcher où il les
conduira.

LA PRINCESSE.

Il les conduira à la victoire, je l'espère. Mais ce
n'est pas de cela qu'il s'agit en ce moment. Ce matin,
à Édimbourg, où je me trouvais pour surveiller les
événements, un émissaire dévoué est venu me faire
une communication de la plus haute importance pour
la bataille qui est imminente, puisque les deux armées
sont en présence ; pour la bataille qui se livre en ce
moment peut-être, ou qui se livrera demain au plus
tard. Comment faire parvenir ces instructions secrètes
au prétendant ? Les confier à un messager qui pouvait
être infidèle ? les envoyer sous forme d'une dépêche
qui pouvait tomber dans les mains de nos ennemis ?
Je n'ai pas hésité, et, ce matin, je suis partie seule, à
pied, d'Edimbourg, pour Preston-Pans.

KILMÉNIE.

Quel courage !

LA PRINCESSE.

On ne se méfiera pas d'une femme, me suis-je dit,
et je parviendrai jusqu'au camp de Charles-Édouard,

à qui je répéterai, de vive voix, les instructions que j'ai reçues. Malheureusement, dans ma précipitation, je n'ai pas songé à changer de costume, et celui que je porte a failli me coûter cher en me faisant remarquer, et en me faisant suivre par des gens sans aveu. Suis-je encore loin de Preston-Pans?

KILMÉNIE.

A une heure de chemin, tout au plus.

LA PRINCESSE.

Une heure, seulement, et je toucherais au but? Oh! Dieu soit loué! Voilà qui ranime mes forces et mon courage, Mais, pour plus de sûreté, il me faudrait un vêtement du pays, semblable au vôtre, à ceux de vos sœurs. Pouvez-vous m'en procurer un?

KILMÉNIE.

Je n'ai que mon costume des dimanches, qui est là, soigneusement enveloppé dans mon armoire. Nous sommes, à peu près, de même taille, et je crois bien qu'il pourra vous aller.

LA PRINCESSE, souriant.

Eh bien, soit! chère enfant, je vais vous prendre, sans remords, sans pitié, votre seul et unique costume : vos beaux habits des dimanches! Mais, soyez tranquille, je vous laisserai les miens à la place, et je crois que vous ne perdrez pas au change... en attendant mieux.

KILMÉNIE, étonnée.

Que voulez-vous dire, madame?

LA PRINCESSE.

Je veux dire... ou plutôt je vous dirai tout, en m'ha-

billant, car je n'ai pas un moment à perdre ! Il faut
que j'arrive là-bas avant la nuit. Conduisez-moi vite à
votre chambre ?

KILMÉNIE, montrant la porte de droite.

La voici. Entrez, je vous suis.

(Elles sortent par la droite.)


## SCÈNE VI.

MISTRESS WATSON, JEMMY, rentrant par la gauche,


MISTRESS WATSON, s'arrêtant.

Que signifie cela ? Voilà Kilménie, maintenant, qui
fait entrer cette aventurière dans sa chambre ?

JEMMY, regardant la table.

Et elle l'a traitée de son mieux, à ce que je vois.
Cette chère petite, elle est si bonne !

MISTRESS WATSON.

Si bonne, si bonne !... ce n'est pas une raison pour
être imprudente, et on ne reçoit pas ainsi une femme
qui passe ! La première venue !

JEMMY.

Elle a peut-être un motif pour en agir ainsi ?

MISTRESS WATSON.

Tu crois ? Au fait, c'est possible. Je ne suis pas cu-
rieuse, mais je voudrais bien savoir pourquoi cette
femme est entrée dans la chambre de Kilménie. (Elle
s'approche de la porte de gauche et écoute.)

JEMMY.

Que fais-tu là? Tu n'y penses pas!

MISTRESS WATSON, écoutant.

Laisse donc! (Répétant les mots qu'elle a pu saisir :) « Surtout, pas un mot à vos sœurs, vous me l'avez promis. »

JEMMY, riant.

Tiens, tiens! Il paraît que nous ne devons pas être dans le secret.

MISTRESS WATSON, écoutant.

Tais-toi donc! (Répétant.) « Si le succès couronne nos efforts, comptez sur ma reconnaissance et sur celle de »..... (Parlé.) Je n'ai pas pu saisir le reste.

JEMMY.

C'est l'étrangère qui parlait?

MISTRESS WATSON.

Oui.

JEMMY.

Et Kilménie, que répondait-elle?

MISTRESS WATSON.

Elle parlait si bas que je n'ai pu entendre.

JEMMY.

Alors, cette étrangère.....

MISTRESS WATSON, l'interrompant.

Chut! (Quittant vivement la porte.) Je crois qu'elles reviennent.

JEMMY, riant.

Si c'est l'inconnue qui parlait de sa reconnaissance, tout cela me paraît bien clair! C'est la dame blanche que Kilménie attendait et qu'elle nous a annoncée.

MISTRESS WATSON, voyant la porte s'ouvrir.

Les voici.

## SCÈNE VII.

JEMMY, MISTRESS WATSON, KILMÉNIE, LA PRINCESSE,
sous un costume écossais, semblable à celui de Kilménie (¹).


LA PRINCESSE.

Il me semble que, vêtue ainsi, je n'aurai, maintenant, plus peur de rien! Adieu, mon enfant, ou plutôt : au revoir, je le désire et je l'espère.

KILMÉNIE, qui porte la mante de la princesse sur son bras.

Au revoir, madame. Dieu vous garde et vous bénisse, ainsi que vous le méritez !

LA PRINCESSE, se retournant.

Ah ! voici vos sœurs. Je vous laisse avec elles. (A mistress Watson et à Jemmy.) Merci de votre hospitalité qui, peut-être, m'a sauvé la vie. Kilménie n'a pas le droit de vous dire qui je suis, mais je lui ai permis de vous prouver que vous n'aviez pas obligé une ingrate.

(Elle sort vivement par le fond.)


## SCÈNE VIII.

MISTRESS WATSON, KILMÉNIE, JEMMY.


MISTRESS WATSON.

Qu'est-ce que tout cela veut dire ?

(¹) La jeune personne, qui jouera le rôle de la princesse devra, dès son entrée, porter un costume écossais, que sa grande mante cachera entièrement.

JEMMY.

Quant à moi, je n'y comprends rien! Et ce ton, ces manières... (A Kilménie.) Tu as donc reçu une reine... ou une princesse?

KILMÉNIE, s'asseyant près de la table, la mante sur ses genoux, et très gaiement.

Peut-être bien! (Elle rit.)

MISTRESS WATSON.

Et tu lui as prêté ton plus beau costume, ton costume des dimanches? Es-tu devenue folle?

KILMÉNIE, de même.

Je ne crois pas.

JEMMY, montrant la mante.

Et voilà la belle nippe qu'elle t'a laissée en échange? Joli cadeau!

KILMÉNIE.

Peut-être bien! (Elle rit plus fort.) Ah! ah! ah!

MISTRESS WATSON, agacée.

Peut-être bien, peut-être bien! Te moques-tu de nous, à la fin?

KILMÉNIE, qui, pendant ce temps, a découpé et enlevé avec des ciseaux l'étoffe qui recouvrait le premier bouton de la mante, montrant une pièce d'or.

Jugez-en vous-mêmes!

MISTRESS WATSON.

Que vois-je? de l'or?

KILMÉNIE, se levant et jetant la mante sur la table.

Une double guinée! Et les vingt-trois autres boutons de cette mante étant semblables, nous voilà riches! Nous devons dix-huit livres, il nous en restera six, toutes nos dettes payées.

MISTRESS WATSON.

Est-il possible ! Mais c'est la fortune, le bonheur qui, avec cette étrangère, sont entrés dans la maison !

JEMMY.

Et tu ne peux pas nous dire le nom de notre bienfaitrice ?

KILMÉNIE.

Un jour, peut-être.

MISTRESS WATSON.

Quand donc ?

KILMÉNIE.

Le lendemain de la victoire !

(Rideau.)

# DEUXIÈME PARTIE

# LES FÉES

---

## PERSONNAGES

LA MARQUISE.
LA MÈRE GERVAIS.
FANCHON, sa fille aînée.
NICOLINE, sa fille cadette.
CLAUDINE,⎱
NICETTE, ⎰ amies de NICOLINE.

La scène se passe à la campagne, en 17...

Une salle, au rez-de-chaussée chez la mère Gervais. Porte
d'entrée, au fond, ouvrant sur la campagne. Porte à gauche.
Au fond, à droite, un dressoir ou bahut orné de plats et d'as-
siettes en faïence. Une table, à gauche, au premier plan. Ameublement modeste, mais très propre.


## SCÈNE PREMIÈRE.

### CLAUDINE, NICETTE.

NICETTE, debout près de la porte de gauche, parlant
à la cantonade.

C'est bien, mère Gervais, ne vous fâchez pas, nous
nous en allons.

CLAUDINE, de même.

Nous reviendrons quand Nicoline sera rentrée.
(Écoutant.) Plaît-il? (Comme répondant à quelqu'un qui vient de lui

parler à l'intérieur.) Eh bien, merci, vous êtes aimable !
(Elle descend la scène.)

NICETTE, la suivant.

Que t'a-t-elle dit ?

CLAUDINE.

Elle m'a dit que, pour sa part, elle se passerait bien
de notre visite !

NICETTE.

Toujours la même ! Quelle femme désagréable que
cette mère Gervais.

CLAUDINE.

Quant à moi, il me serait impossible de vivre avec
elle.

NICETTE.

Pas plus qu'avec Fanchon, sa fille aînée, qui lui res-
semble si fort d'humeur et de visage. Qui voit la fille,
voit la mère.

CLAUDINE.

Oui. Comme sa mère, elle est orgueilleuse, aca-
riâtre...

NICETTE.

Jalouse, exigeante...

CLAUDINE.

Brutale !

NICETTE.

Quelle diffférence avec Nicoline, qui est la bonté et
la douceur mêmes !

CLAUDINE.

Et avec cela l'une des plus jolies filles que l'on
puisse voir.

NICETTE.

Je ne m'explique pas comment deux sœurs peuvent
se ressembler si peu.

CLAUDINE.

C'est que Nicoline est, paraît-il, tout le portrait de
son père que tout le monde, ici, aimait et estimait...

NICETTE.

Tandis que Fanchon est tout le portrait de sa mère.
Et comme on aime naturellement son semblable, la
mère Gervais raffole de son affreuse fille ainée, et ne
peut pas souffrir Nicoline. La pauvre enfant est la
servante de la maison ; on la fait travailler sans cesse ;
et pour la seconde fois de la journée, on vient de
l'envoyer puiser de l'eau à la fontaine qui est à une
demi-lieue d'ici.

CLAUDINE.

Et elle supporte tout sans se plaindre.

NICETTE.

Heureusement que M$^{me}$ la marquise — la digne
femme du seigneur de notre village — a appris tout
cela par m'sieu le bailli, et s'est déclarée la protectrice
de Nicoline.

CLAUDINE.

Oh ! oui, c'est bien heureux. Cette pauvre Nicoline !
Quant à moi, je l'aime chaque jour davantage.

NICETTE.

Et moi, donc. Mais nous restons là à causer...
allons-nous-en. Ah! voici Nicoline qui revient. Dieu !
comme elle a l'air agitée.

CLAUDINE, regardant.

C'est vrai. Qu'a-t-elle donc ?

## SCÈNE II.

### LES MÊMES, NICOLINE, puis LA MÈRE GERVAIS.

NICOLINE, entrant vivement par le fond et portant sur l'épaule
une cruche de grès qu'elle va déposer sur le bahut.

Enfin, m'y voici. Ah! j'ai tant couru, que je n'en
puis plus.

### NICETTE.

Tu arrives à temps, nous allions partir.

### NICOLINE.

Vous ici? (Les embrassant.) Bonjour, ma chère Claudine;
bonjour, Nicette.

### LA MÈRE GERVAIS, entrant par la gauche.

Je disais aussi : c'est la voix de Nicoline. Comment,
vous êtes encore là, vous autres?

### CLAUDINE.

Nous partions au moment où elle est rentrée.

### LA MÈRE GERVAIS, grommelant.

Et elle y a mis le temps! (A Nicoline.) Qu'est-ce que
tu as pu faire, paresseuse, pour rester si longtemps
dehors? Tu t'es amusée en route, dis ?

### NICOLINE.

Non, ma mère, et ne me grondez pas avant de connaître la cause qui m'a ainsi retardée.

### LA MÈRE GERVAIS.

Que t'est-il arrivé?

### NICOLINE.

Ah! j'en suis encore tout émue, toute tremblante !

LA MÈRE GERVAIS.

Parle donc?

NICOLINE.

Je venais d'arriver près de la fontaine quand je vis s'approcher de moi une pauvre femme, une vieille mendiante, qui me pria de lui donner à boire. « Oui-da, ma bonne mère », lui répondis-je, et, rinçant aussitôt ma cruche, je puisai de l'eau au plus bel endroit de la fontaine et la lui présentai, en la soutenant pour qu'elle pût boire plus aisément. Quand elle eut bu, la bonne femme me dit : « Vous êtes aussi douce, aussi charitable et aussi honnête que vous êtes jolie ; aussi je ne puis m'empêcher de vous faire un don. » Et, comme je paraissais surprise : « Apprenez, continua-t-elle, que je suis une fée... »

NICOLINE ET CLAUDINE, étonnées.

Une fée !

LA MÈRE GERVAIS, étonnée.

Est-il possible !

NICOLINE, continuant.

« Et j'ai pris la forme d'une vieille mendiante pour voir jusqu'où irait votre bon cœur. Je vous donne pour don, poursuivit-elle, qu'à chaque parole que vous direz, il vous sortira de la bouche ou une fleur ou une perle précieuse. »

LA MÈRE GERVAIS, avec colère.

Quelles balivernes nous contes-tu là ! La vieille mendiante s'est moquée de toi ! Et c'est une menteuse, car voilà une heure que tu bavardes, et je n'ai vu sortir de ta bouche ni fleur ni perle précieuse, moi !

NICOLINE.

Je ne comprenais pas plus que vous, quand elle a ajouté, et d'une voix jeune, pénétrante, et qui était comme une musique :

> Les diamants et les pistoles
> Peuvent beaucoup sur les esprits;
> Cependant les douces paroles
> Ont encor plus de force et sont d'un plus grand prix.

Alors, j'ai compris ce qu'elle avait voulu dire.

LA MÈRE GERVAIS.

Qu'est-ce que tu as compris? car, moi, je n'y comprends rien du tout.

NICOLINE.

J'ai compris que les fleurs et les perles étaient une comparaison. La bonne fée entendait par là, qu'à l'avenir, et grâce au don qu'elle me faisait, mes paroles plairaient à tout le monde et charmeraient ceux qui les entendraient.

LA MÈRE GERVAIS.

La belle avance! Eh bien, tes paroles ne me charment guère, moi, petite sotte...

NICOLINE, continuant.

Et la preuve, c'est la prédiction qu'elle m'a faite.

CLAUDINE, vivement.

Elle t'a fait une prédiction?

NICOLINE.

« Rentre chez toi, m'a-t-elle dit, en me quittant. On va nommer une rosière dans ton village, et c'est toi que le bailli a désignée à monseigneur. Mais ce

n'est que le commencement de ta fortune, car un jour
tu deviendras marquise. » Et elle disparut.

NICETTE.

Oh ! c'est merveilleux !

LA MÈRE GERVAIS.

Marquise ! rosière ! En voilà des bêtises ! D'abord
ce n'est pas toi qui dois être nommée rosière, c'est ta
sœur. Elle est l'aînée, et tu n'es que la cadette ! Mais
vraiment, cette Fanchon qui ne se doute de rien, il
faut la prévenir. (Appelant.) Fanchon ! Fanchon !

NICETTE, à Claudine.

Fanchon rosière ! pour prix de ses belles qualités !
Cette mère Gervais est folle.

LA MÈRE GERVAIS.

Mais voyez un peu si elle viendra. (Criant à la porte de
gauche.) Fanchon ? Eh ! Fanchon ?


## SCÈNE III.

LES PRÉCÉDENTES, FANCHON.


FANCHON, entrant de gauche et avec humeur, en se détirant.

Eh ben, qu'est-ce qu'il y a ? Est-ce que le feu est à
la maison ?

LA MÈRE GERVAIS.

Voyons, ma fille, réponds-moi : savais-tu que l'on
devait couronner une rosière — aujourd'hui — dans
le pays ?

FANCHON.

Je crois bien l'avoir entendu dire… Mais que voulez-
vous que ça me fasse ? Est-ce que ça me regarde, moi ?

NICETTE, bas, à Claudine.

Elle ne croit pas si bien dire. Ça ne la regarde pas du tout.

LA MÈRE GERVAIS.

Comment, si ça te regarde? Mais, je crois bien ! Tu ne sais donc pas que la femme de monseigneur, M^{me} la marquise, donne une dot de cent écus !

FANCHON.

Grand bien lui fasse ! Moi, je ne demande point l'aumône.

LA MÈRE GERVAIS, grommelant.

L'aumône, l'aumône...

NICOLINE.

Mais, Fanchon, ce n'est pas une aumône, c'est une récompense qui fait honneur à celle qui en est l'objet.

LA MÈRE GERVAIS.

Elle a raison. Et je veux que tu sois rosière ! Mais, d'abord, et avant tout, il faut que, toi aussi, tu ailles à la fontaine.

FANCHON.

A la fontaine, moi? Par exemple ! C'est la besogne de Nicoline, ce n'est pas la mienne.

LA MÈRE GERVAIS.

Il faut que tu y ailles pour voir la fée, et pour qu'elle te fasse un don, comme à ta sœur. Attends. (Elle va au bahut, qu'elle ouvre, et y prend un beau flacon qu'elle donne à Fanchon.) Tiens, prends ceci, et quand tu seras arrivée à la fontaine, tu verras venir à toi une pauvre femme, une vieille mendiante, qui te demandera à boire. Tu lui en donneras tout de suite, et bien honnêtement, car c'est une fée qui te fera un don, comme à Nicoline. C'est toi qui auras la rose, d'abord, et puis tu deviendras marquise, duchesse !

FANCHON, haussant les épaules.

En voilà des idées !

LA MÈRE GERVAIS.

Pas de réflexions ! Je veux que tu partes, et sur l'heure. Je l'exige!

FANCHON.

Si vous le prenez sur ce ton-là, c'est bon. On y va. (Elle sort par le fond.)

LA MÈRE GERVAIS, criant, au fond.

Et reviens vite pour être nommée rosière !


## SCÈNE IV.

LES MÊMES, moins FANCHON.


NICETTE, raillant.

Dites donc, mère Gervais, est-ce que c'est vous, ou monseigneur, qui devez la nommer, la rosière?

LA MÈRE GERVAIS, grincheuse.

Hein ? qu'est-ce que c'est ?

NICETTE.

Si c'est m'sieu le bailli qui a désigné Nicoline à monseigneur, vous n'y changerez rien.

LA MÈRE GERVAIS, grincheuse.

Je ferai ce qui me plaît, entendez-vous ? Et d'abord, qu'est-ce que vous faites encore ici? je vous croyais parties depuis longtemps.

CLAUDINE.

Justement. Nous venions chercher Nicoline pour la
cérémonie qui va avoir lieu dans une heure. Nous l'attendons.

LA MÈRE GERVAIS, avec colère.

Elle n'ira pas ! Je lui défends bien d'y aller !

NICETTE.

Alors, vous ne tenez pas aux cent écus de M<sup>me</sup> la
marquise ?

LA MÈRE GERVAIS.

Si, j'y tiens ! Mais ce n'est pas elle, c'est Fanchon
qui les aura.

CLAUDINE.

A votre aise. Cependant...

LA MÈRE GERVAIS, l'interrompant.

En voilà assez. Taisez-vous ! N'abusez pas plus
longtemps de ma douceur et de ma patience !

NICETTE.

Oh ! vous pouvez être sûre que voilà une chose dont
on n'abusera jamais avec vous.

LA MÈRE GERVAIS.

Allons, partez, allez-vous-en !

CLAUDINE.

Au revoir, Nicoline.

NICETTE, à Nicoline.

Au revoir ! (Bas.) Sois tranquille, nous parlerons pour
toi.

LA MÈRE GERVAIS.

Eh bien ? Vous n'êtes pas encore parties ? (Claudine
et Nicette sortent par le fond, en faisant, à la dérobée, des signes d'in-
telligence à Nicoline. Jeu de scène : la mère Gervais, agacée, finit par
les prendre par les épaules, et par les mettre dehors.)

## SCÈNE V.

### NICOLINE, LA MÈRE GERVAIS.

LA MÈRE GERVAIS.

En voilà des péronnelles! De quoi se mêlent-elles, je vous le demande un peu? Est-ce que je ne suis pas libre de faire chez moi ce qui me plaît!

NICOLINE.

Il ne faut pas leur en vouloir, ma mère. Leur intention était bonne.

LA MÈRE GERVAIS, continuant sans l'écouter.

Est-ce que je me mêle des affaires des autres, moi? (A Nicoline avec colère.) Voyons, réponds? Est-ce que je me mêle des affaires des autres?

NICOLINE, doucement.

Je ne dis pas cela, ma mère.

LA MÈRE GERVAIS, continuant sans l'écouter.

Qu'est-ce que tu dis, alors? Et qu'est-ce que tu fais là, les bras croisés? Allons, va à ta besogne, et plus vite que ça!

NICOLINE.

Mais ma besogne est faite, ma mère.

LA MÈRE GERVAIS.

Une besogne n'est jamais faite, dans une maison, tant qu'il reste quelque chose à faire. Et il y aura toujours du travail pour toi, tu entends.

NICOLINE.

J'obéis.

# SCÈNE VI.

LA MÈRE GERVAIS, seule, puis FANCHON.


LA MÈRE GERVAIS.

Ne dirait-on pas qu'elles se mettent toutes d'accord
pour me faire enrager ! Jusqu'à cette Fanchon qui ne
revient pas ? L'heure de la cérémonie approche, et
elle ne sera pas rentrée quand elle aura lieu. Qu'est-ce
qu'elle peut faire pour tarder ainsi. (Voyant arriver Fanchon.) Ah ! c'est elle, la voilà ! Eh bien ! ma fille ?

FANCHON, avec humeur.

Eh bien ! ma mère, vous m'avez fait faire une belle
équipée !

LA MÈRE GERVAIS.

Comment cela ? Que t'est-il arrivé ? Explique-toi ?

FANCHON.

Je n'étais pas plutôt auprès de la fontaine, que j'ai
vu sortir du bois une dame, magnifiquement vêtue,
qui est venue me demander à boire.

LA MÈRE GERVAIS.

Eh bien ?

FANCHON.

Comme ce n'était pas la vieille mendiante que vous
m'aviez annoncée, j'ai pensé que cette grande dame
voulait se moquer de moi, et je lui ai rendu la monnaie
de sa pièce : « Justement, lui ai-je répondu, j'ai apporté, tout exprès, un beau flacon pour donner à boire

à madame. J'en suis d'avis... Eh bien, buvez à même la source, si vous voulez. »

LA MÈRE GERVAIS, à demi-voix.

Tu as eu tort, tu as eu tort !

FANCHON.

Est-ce que je pouvais deviner ? « Vous n'êtes guère obligeante, a-t-elle repris, car je suis une fée, comme celle qui est apparue à votre sœur, et j'ai voulu voir jusqu'où irait votre malhonnêteté. Je vous donne pour don qu'à chaque parole que vous direz, il vous sortira de la bouche un crapaud ou un serpent. »

LA MÈRE GERVAIS.

Est-il Dieu possible !

FANCHON.

Et ce n'est pas tout encore.

LA MÈRE GERVAIS.

Comment, ce n'est pas tout ?

FANCHON.

« Quant à votre horoscope, a-t-elle ajouté, le voici : Vous vous ferez tant détester, que votre propre mère vous chassera de chez elle, et vous irez, épuisée de fatigue, tomber au coin d'un bois où, secourue par un rustre, un paysan, vous deviendrez sa servante, et serez bien heureuse, un jour, de devenir sa femme. »

LA MÈRE GERVAIS.

Quelle horreur ! Et quand je pense que c'est cette Nicoline qui est cause de tout ! Oh ! elle me le payera ! (Cris au dehors.) « Vive la rosière ! vive M^{me} la marquise ! » Qu'est-ce que cela ?

## SCÈNE VII.

LA MÈRE GERVAIS, FANCHON, LA MARQUISE,
suivie de CLAUDINE et de NICETTE. JEUNES PAYSANNES,
au fond, en dehors, à volonté.


LA MARQUISE, entrant.

N'est-ce pas ici que demeure la mère Gervais ?

LA MÈRE GERVAIS, s'avançant.

C'est moi, madame. .

LA MARQUISE.

Bien, car c'est à vous que j'ai affaire. Votre jeune fille, Nicoline, vient d'être couronnée rosière. Ses jeunes amies m'ont appris que vous l'avez empêchée de venir chercher sa récompense elle-même...

LA MÈRE GERVAIS, confuse.

Madame la marquise...

LA MARQUISE, continuant.

Cette récompense, je vous l'apporte. Voici vos cent écus. (Elle lui remet une bourse.)

LA MÈRE GERVAIS, la prenant.

Bien des remerciements, madame la marquise.

LA MARQUISE.

Mais ce n'est pas tout, faites venir votre fille, car je l'emmène.

LA MÈRE GERVAIS.

Vous l'emmenez ?

LA MARQUISE.

Oui. Elle dîne au château. Et comme j'ai besoin d'une dame de compagnie, d'une jeune lectrice, je la garde.

## SCÈNE VIII.

LES PRÉCÉDENTES, NICOLINE, amenée par Nicette
qui est allée la chercher.

NICOLINE, à la marquise.

On m'a dit, madame, tout l'intérêt que vous me portez, et toutes les bontés que vous avez pour moi. Que de reconnaissance !

LA MARQUISE.

Bien, mon enfant. Prenez congé de votre mère, de votre sœur, et suivez-nous au château où l'on nous attend.

NICOLINE, embrassant sa mère.

Au revoir, ma mère. Au revoir, ma sœur.

FANCHON, lui tournant le dos.

Bon voyage !

LA MARQUISE.

Partons !

NICETTE, à Claudine.

Avec le don que la fée lui a accordé, elle charmera le fils de monseigneur, et elle deviendra marquise à son tour. Voilà la prédiction qui s'accomplit, et j'en suis bien heureuse pour elle, car c'est un ange !

TOUS.

Vive la rosière ! Vive M<sup>me</sup> la marquise !

(Sortie. Rideau.)

# TROISIÈME PARTIE

# LA DOUBLE MÉPRISE

## PERSONNAGES

M<sup>me</sup> VINGMAILLE.
CÉCILE, sa fille.
HENRIETTE, jeune institutrice.
JOSÉPHINE, cuisinière.
JUSTINE, femme de chambre.

La scène se passe de nos jours, dans une petite ville
de province.

Un salon chez M<sup>me</sup> Vingmaille. Porte d'entrée au fond. Portes
latérales. A droite, au premier plan, une table et tout ce qu'il
faut pour écrire. A gauche, un guéridon et une cheminée. Ameublement moderne.

## SCÈNE PREMIÈRE.

JUSTINE, seule, un plumeau à la main, époussetant et rangeant
les meubles, puis CÉCILE.

JUSTINE.

Là, voilà qui est fait. Je n'ai plus que la salle à
manger à mettre en ordre, mais comme il n'est que
midi, j'ai encore du temps devant moi.

CÉCILE, entrant de droite.

Ah ! vous voilà, Justine, je vous cherchais. Il ne
s'est présenté personne depuis ce matin ?

JUSTINE.

Non, mademoiselle. Vous attendiez quelqu'un ?

CÉCILE.

Nous attendions une jeune cuisinière qui nous est très recommandée, et il est bien contrariant qu'elle n'arrive pas, car c'est aujourd'hui que mon oncle, l'inspecteur d'académie, doit venir dîner avec nous.

JUSTINE.

Et il est joliment gourmand, monsieur votre oncle.

CÉCILE.

C'est bien pour cela que ni vous, ni ma mère, ni moi, ne sommes capables de lui faire un dîner de son goût. Et si ce cordon bleu ne vient pas, je ne sais pas comment nous ferons. Et ma mère, où est-elle ?

JUSTINE.

Elle est à sa toilette.

CÉCILE.

Je vais la retrouver et aviser avec elle au moyen de nous tirer d'embarras. N'oubliez pas de nous prévenir, tout de suite, ma mère ou moi, s'il se présentait quelqu'un ? (Elle sort par la droite.)

JUSTINE.

Soyez tranquille, mademoiselle.


## SCÈNE II.

JUSTINE, puis HENRIETTE.


JUSTINE.

Je ne fais pas mal la cuisine, pour une femme de chambre, mais je ne me risquerais pas à faire un dîner pour le frère de madame, pour M. l'inspecteur. Il paraît qu'on se nourrit bien dans l'Université, car en voilà un qui est difficile !

HENRIETTE, entrant par le fond, un sac de voyage à la main.

Pardon, c'est bien ici que demeure M^{me} Vingmaille?

JUSTINE.

C'est ici, mademoiselle.

HENRIETTE.

Puis-je la voir et lui remettre une lettre de recommandation dont je suis chargée pour elle?

JUSTINE.

Elle s'habille en ce moment, mais ça ne fait rien, elle vous recevra tout de suite, car on vous attendait avec une impatience...

HENRIETTE, étonnée.

On m'attendait, moi?

JUSTINE.

Certainement. Et M^{lle} Cécile est déjà venue me demander si vous étiez arrivée?

HENRIETTE, étonnée.

C'est bien étonnant, car je suis sûre que ces dames ne me connaissent pas, et ne m'attendaient pas. Pour qui me prenez-vous donc?

JUSTINE.

Mais pour la cuisinière que nous attendons.

HENRIETTE, riant.

Ah ! ah ! je disais aussi... non, mademoiselle, je ne suis pas cuisinière, je suis institutrice.

JUSTINE.

Institutrice? Allons, bon ! Mais ce n'est pas du tout la même chose ?

HENRIETTE, riant.

Non, pas précisément. Je dois me présenter ces jours-ci à l'examen supérieur, et une des bonnes amies de M^{me} Vingmaille a bien voulu m'adresser à elle pour qu'elle me recommande à son frère, l'inspecteur d'académie, qui est en tournée dans le département, et doit être en ce moment dans votre ville.

JUSTINE.

Je comprends. Mais ce n'est pas du tout la même chose, du tout. Enfin, je vais voir si madame peut vous recevoir tout de même.

HENRIETTE.

Je vous serai obligée.

(Justine sort par la droite.)


## SCÈNE III.

HENRIETTE, puis JOSÉPHINE.


HENRIETTE.

Le grand mérite dans la vie, dit-on, est d'arriver à propos. Je n'ai pas ce mérite-là, aujourd'hui, puisqu'on me prend pour une cuisinière. On a toujours trop bonne opinion de soi-même, je le sais, mais, enfin, je ne croyais pas avoir la tournure d'une... il est vrai qu'une femme de chambre n'est pas forcée de s'y connaître. (Elle va poser son sac sur le guéridon.)

JOSÉPHINE, entrant par le fond et tenant à la main un sac de voyage semblable à celui d'Henriette.

Bonjour, madame.

HENRIETTE, se retournant.

Quelqu'un !

JOSÉPHINE, en toilette de ville.

Est-ce que c'est à M^me Vingmaille que j'ai l'honneur de parler ?

HENRIETTE.

Non, mademoiselle. Je l'attends, et l'on est allé la prévenir.

JOSÉPHINE.

Ah ! bien. Alors, je vais l'attendre comme vous, si vous le permettez ? (Elle va poser son sac à côté de celui d'Henriette.)

HENRIETTE.

C'est à elle, personnellement, que vous avez affaire ?

JOSÉPHINE.

A elle d'abord, oui, mais il paraît que c'est son frère, M. l'inspecteur d'académie, qui doit me juger, et me faire admettre s'il me trouve assez de mérite pour ça.

HENRIETTE.

Ah ! je comprends. (A part.) Elle va passer aussi son examen supérieur et elle vient se faire recommander. Et moi qui hésitais. Tout le monde se fait recommander maintenant. (A Joséphine.) Et vous avez une lettre de recommandation, sans doute ?

JOSÉPHINE.

Oui, madame, là, dans mon sac de voyage.

HENRIETTE, à part.

Comme moi.

JOSÉPHINE, continuant.

Une lettre de M^me de Baugency, une amie de madame.

HENRIETTE, à part.

Une autre amie, car la mienne est de M^me Derville. (Haut.) Il paraît que M. l'inspecteur est un homme très sévère. Et ce n'est pas rassurant, entre nous.

JOSÉPHINE.

Ne m'en parlez pas ; j'en ai d'avance une frayeur bleue ! On dit aussi, cependant, que c'est un homme de goût... et c'est beaucoup cela, n'est-ce pas ?

HENRIETTE.

Sans doute. Et juste... On dit encore qu'il est très juste.

JOSÉPHINE.

Alors, il doit tenir compte du mal qu'on se donne. Car on n'est pas toujours sûre de réussir ?

HENRIETTE.

Oh ! non, malheureusement ! Cependant, quand on a de bons principes, quand on a étudié dans une bonne maison...

JOSÉPHINE.

C'est beaucoup. C'est ce que je me dis, et ça me rassure un peu.

HENRIETTE.

Mais voici, je crois, la personne que nous attendons.

## SCÈNE IV.

### HENRIETTE, M^me VINGMAILLE, JOSÉPHINE.

M^me VINGMAILLE, entrant de droite.

Me voilà. Ah ! tiens ! vous êtes deux qui m'attendez?

On ne m'avait pas prévenue. Voyons, laquelle de vous
est arrivée la première ?

HENRIETTE.

C'est moi, madame.

M<sup>me</sup> VINGMAILLE.

Vous avez une lettre de recommandation pour moi,
m'a-t-on dit.

HENRIETTE, allant prendre sur le guéridon le sac de voyage de Joséphine, par mégarde, et en tirant une lettre qu'elle remet à M<sup>me</sup> Vingmaille.

La voici.

M<sup>me</sup> VINGMAILLE, l'ouvrant.

Bien. (Regardant la signature, et à elle-même.) Ah ! c'est de
M<sup>me</sup> de Baugency. (Lisant, haut, à part.) « Chère bonne
amie, je vous adresse *la perle* dont je vous ai parlé.
Vous pouvez l'arrêter en toute assurance. Elle serait
encore dans la maison où elle est restée quatre ans,
si ses maîtres n'avaient pas dû partir pour *la Pensyl-
vanie*, où ils étaient appelés par les plus graves intérêts. Joséphine est une fille honnête qui fait très bien
la cuisine, et régulièrement bien. C'est un véritable
cadeau que je crois vous faire en vous l'envoyant, » etc.
(Parlé, à Henriette.) La recommandation est parfaite et elle
me suffit. Vous arrivez bien, car nous attendons précisément mon frère aujourd'hui.

HENRIETTE.

M. l'inspecteur arrive aujourd'hui ?

M<sup>me</sup> VINGMAILLE.

Je l'attends d'un moment à l'autre. (A Joséphine.) Et
vous, mademoiselle, avez-vous aussi une lettre pour
moi ?

JOSÉPHINE, qui est allée prendre le sac d'Henriette, en tirant une lettre qu'elle remet à M<sup>me</sup> Vingmaille.

Voici la mienne.

M<sup>me</sup> VINGMAILLE, à elle-même.

Ah ! de M<sup>me</sup> Derville. (Elle la parcourt des yeux.) Je vois ce que c'est. Mais ceci regarde surtout ma fille et mon frère. Allez d'abord trouver ma fille… tenez, par ici. (Elle montre la droite.) Elle vous dira ce que vous aurez à faire.

JOSÉPHINE.

Il suffit, madame. (Saluant.) Je suis votre servante. (Elle sort par la droite.)


## SCÈNE V.

### M<sup>me</sup> VINGMAILLE, HENRIETTE.


M<sup>me</sup> VINGMAILLE.

D'après tout le bien qu'on me dit de vous, je crois que vous ne devez pas craindre un examen détaillé, surtout par un connaisseur comme mon frère.

HENRIETTE.

Un examen est toujours un peu effrayant, et on perd toujours par timidité ou par crainte une partie de ses moyens. D'autant plus que M. l'inspecteur est, dit-on, très sévère.

M<sup>me</sup> VINGMAILLE.

Sévère, non, ce n'est pas le mot, car c'est le meilleur homme du monde. Il est un peu gâté, voilà tout.

HENRIETTE.

Je ferai tout ce qui dépendra de moi pour lui montrer ce que j'ai appris.

Mᵐᵉ VINGMAILLE.

C'est cela. Il faut le traiter en cordon bleu.

HENRIETTE, étonnée.

En cordon bleu? (A elle-même.) Ah ! c'est juste, il doit
avoir les palmes académiques, et comme le ruban est
bleu...

Mᵐᵉ VINGMAILLE.

Mais nous n'avons pas de temps à perdre. Suivez-
moi, je vais vous montrer par où il faut commencer,
car, voyez-vous, mon enfant, si vous voulez vous faire
bien venir de mon frère, il faut d'abord flatter ses
goûts.

HENRIETTE.

Je ne demande pas mieux, madame.

Mᵐᵉ VINGMAILLE.

Par ici. (Elles sortent par le fond.)


## SCÈNE VI.

JOSÉPHINE, seule, rentrant par la droite, un papier à la main,
puis HENRIETTE.


JOSÉPHINE.

Il paraît qu'il faut que je commence par faire un
rapport. (Lisant difficilement.) Oui, je vois bien : rap-port.
Oh ! la lecture, ça va, et l'écriture aussi, pour mon
livre de dépenses. Mais madame disait que je n'en-
tendais rien à l'orthographe. Et, des fois, elle riait!...
Pour un rapport, il faut peut-être de l'orthographe?
(Elle s'assied devant la table, et paraît très embarrassée.)

HENRIETTE, entrant de gauche, un saladier à la main, dans lequel
sont des oranges, et un sucrier contenant du sucre en poudre.

Je n'y comprends rien ! M<sup>me</sup> Vingmaille m'a répété :
« Il faut flatter ses goûts, et vous allez d'abord préparer des beignets d'orange, car c'est son entremets
de prédilection. » Je veux bien flatter les goûts de
M. l'inspecteur, puisque j'ai besoin de lui, mais je ne
sais vraiment pas comment m'y prendre.

JOSÉPHINE, assise au bureau.

La jeune demoiselle m'a dit : « Si vous réussissez,
mon oncle vous fera facilement avoir 1 200 francs. En
voilà des gages ! Aussi, je ne demande pas mieux que
de réussir..... Si je savais seulement par où commencer? (Voyant Henriette.) Tiens, c'est vous, mademoiselle. Que faites-vous donc là ?

HENRIETTE, debout derrière le guéridon.

Je voudrais bien faire ce que M<sup>me</sup> Vingmaille m'a
demandé, mais j'avoue que je n'y entends rien.

JOSÉPHINE.

Et que vous a-t-elle demandé ?

HENRIETTE.

De préparer des beignets d'orange...

JOSÉPHINE.

Des beignets à l'orange? mais c'est simple comme
tout. Ecoutez : vous divisez d'abord votre fruit par
quartiers, et le débarrassez de ses pépins ; vous le
faites mijoter dans du sucre clarifié pendant deux
heures ; puis, après l'avoir égoutté, vous le jetez dans
une pâte à beignets ; vous faites frire, vous râpez du
zest, vous glacez au sucre et vous servez très chaud.

HENRIETTE.

Je vous remercie… mais je ne me rappellerai jamais tout cela. C'est trop compliqué.

JOSÉPHINE.

Compliqué ? Et que diriez-vous donc si, comme moi, vous aviez à faire un rapport ? Tenez ! (Elle le lui montre.)

HENRIETTE, lisant.

« Des devoirs de l'institutrice dans l'enseignement primaire. » Mais c'est la moindre des choses, cela.

JOSÉPHINE.

Pour vous, c'est possible, mais pour moi… (Vivement.) Ecoutez, il me vient une idée. Voulez-vous faire mon rapport, moi, je ferai vos beignets ?

HENRIETTE, riant.

J'allais vous le proposer.

JOSÉPHINE.

Alors, vite, changeons. (Henriette prend le rapport et va s'asseoir à la table, où elle écrit. Joséphine se met au guéridon, verse un lit de sucre dans la soupière, et y place les quartiers d'orange, pendant ce qui suit.)

HENRIETTE, écrivant.

Mais ce travail est une plaisanterie, c'est une simple nomenclature…

JOSÉPHINE.

Une nomen… quoi ?

HENRIETTE.

Une nomenclature, et rien n'est plus facile à faire. Tenez, encore deux lignes et j'aurai terminé.

JOSÉPHINE.

Ma besogne est plus minutieuse — car ça demande

du soin — mais elle avance aussi. Il est vrai que ce que
je fais là n'est pas le plus difficile. C'est le glacé au
caramel qu'il ne faut pas manquer. Eh bien! où en
êtes-vous ?

HENRIETTE, se levant.

C'est fini, et vous?

JOSÉPHINE.

Voilà qui est fait.

HENRIETTE, écoutant.

Il était temps, on vient! (Elles changent de place vivement.)


## SCÈNE VII.

JOSÉPHINE, CÉCILE, HENRIETTE.


CÉCILE, entrant et s'adressant à Joséphine.

Mademoiselle, mon oncle vient d'arriver, et il vous
attend pour vous interroger. Avez-vous terminé le
petit rapport que je vous ai remis?

JOSÉPHINE, le lui donnant.

Le voici, mademoiselle.

CÉCILE.

Bien. (Y jetant les yeux.) Jolie écriture. Ah! vous avez
sans doute apporté les papiers de famille qui sont in-
dispensables pour votre examen?

JOSÉPHINE.

Je crois bien. J'ai tous mes papiers, et mes certi-
ficats aussi. (Allant prendre son sac de voyage.) Tout est là.

CÉCILE.

Alors, venez avec moi, je vais vous présenter à mon oncle. (Elles sortent par le fond.)


## SCÈNE VIII.

HENRIETTE, puis M<sup>me</sup> VINGMAILLE.

HENRIETTE, seule.

Décidément, je m'y perds ! D'après ce qu'elle m'a dit elle-même, et d'après ce que j'entends, cette jeune personne doit aussi passer son examen. Mais alors pourquoi était-elle si décontenancée devant un rapport si facile ? Et où a-t-elle appris à faire si bien les entremets ?

M<sup>me</sup> VINGMAILLE, entrant de gauche et d'un air affairé.

Eh bien ! Vous avez tout préparé ?

HENRIETTE.

Oui, madame.

M<sup>me</sup> VINGMAILLE, regardant.

C'est cela, c'est bien cela. Maintenant, descendez vite, vous trouverez, en bas, tout ce qu'il vous faut.

HENRIETTE, étonnée.

En bas ?

M<sup>me</sup> VINGMAILLE.

Sans doute. Descendez tout cela, et ne perdez pas de temps, car il est déjà cinq heures.

HENRIETTE.

Je suis prête, madame, mais comme il y a beaucoup

4

de choses que je ne comprends pas, il me semble qu'une explication...

M<sup>me</sup> VINGMAILLE, l'interrompant.

Oh ! pas maintenant, pas d'explications maintenant. Nous sommes déjà en retard. — Ce soir, je ne dis pas. — Descendez vite. Du reste, je vais aller vous rejoindre.

HENRIETTE.

J'obéis, madame. (Elle sort par la gauche, en emportant le saladier et le sucrier.)


## SCÈNE IX.

M<sup>me</sup> VINGMAILLE, CÉCILE, puis HENRIETTE
et JOSÉPHINE.

M<sup>me</sup> VINGMAILLE.

En vérité, cette fille est toute gauche, tout embarrassée ; et si ce n'était les éloges de M<sup>me</sup> de Baugency, je n'aurais aucune confiance en elle, moi.

CÉCILE, entrant en riant très fort.

Ah ! ah ! ah ! La singulière institutrice ! Le quiproquo est amusant.

M<sup>me</sup> VINGMAILLE, étonnée.

Qui te fait rire ainsi ? Et de quel quiproquo parles-tu ?

CÉCILE.

Figurez-vous les réponses les plus extravagantes ! Malgré sa gravité, mon oncle n'a pu s'empêcher de rire aussi. C'était la cuisinière !

M<sup>me</sup> VINGMAILLE.

Comment, la cuisinière! Explique-toi donc ?

CÉCILE.

Eh! oui. Ces deux personnes, ayant un sac de voyage en tout semblable, se sont trompées. L'institutrice vous a remis la lettre de M<sup>me</sup> de Baugency, et la cuisinière celle de M<sup>me</sup> Derville. De sorte que j'ai fait rédiger le rapport par la cuisinière, et que vous avez envoyé l'institutrice à la cuisine.

M<sup>me</sup> VINGMAILLE.

Ah! mon Dieu! que me dis-tu là ! Et que dira mon frère, surtout. Un dîner fin... confectionné par une institutrice! Tout est perdu ! Courons !

(Entrent Joséphine et Henriette.)

JOSÉPHINE, en costume de cuisinière : bonnet et tablier blancs.

Rassurez-vous, madame. Rien n'est perdu, car chacun a repris sa place. Après l'interrogatoire de M. l'inspecteur, j'ai bien compris que je n'étais pas de force, et j'ai tout avoué. (Montrant Henriette.) C'est mademoiselle qui a fait le rapport, et c'est moi qui ai préparé les beignets. Chacun son métier. Quant au dîner, il est sur le feu, et il sera, je l'espère, digne de vous. Vous avez pu juger l'institutrice à son style ; vous jugerez la cuisinière à ses ragoûts.

M<sup>me</sup> VINGMAILLE.

A la bonne heure ! me voilà plus tranquille.

HENRIETTE.

Et puisque vous voilà rassurée, madame, vous voudrez bien, je l'espère, nous pardonner, ainsi que tout le monde, la double méprise d'aujourd'hui.

(Rideau.)

# MOTS DE LA CHARADE

*Première partie :* OR

*Deuxième partie :* ANGE

*Troisième partie, le tout :* ORANGE

A LA MÊME LIBRAIRIE

## COMÉDIES

CÉLIÈRES (Paul). **Trente-cinq ans de bail,** comédie en un acte (5 personnages). In-8°). 1 fr. 50

— **Le Voisin Géronte,** comédie en deux actes en vers, avec intermèdes (7 personnages). In-8°. 1 fr. 50

— **L'Elixir d'Arlequin,** comédie en un acte en vers (6 personnages). In-8°. 1 fr. 50

— **Lilas blancs et Roses thé,** comédie en un acte (6 personnages). In-8°. 1 fr. 50

— **L'Oiseau sur la branche,** comédie en un acte (9 personnages). In-8°. 1 fr. 50

— **Chacun pour soi.** comédie en un acte en vers (6 personnages). In-8°. 1 fr. 50

LALUYÉ (Léopold). **L'Obus,** comédie en un acte (4 personnages). In-8°. 1 fr. 50

— **Azor et Lubin,** comédie en un acte (5 personnages). In-8°. 1 fr. 50

— **La Robe de bal,** comédie en un acte (5 personnages). In-8°. 1 fr. 50

— **Les quatre-vingts ans de la chanoinesse,** comédie en un acte (5 personnages). In-8°. 1 fr. 50

— **Chassez le naturel...,** comédie en un acte (5 personnages). In-18. 1 fr.

— **Les Cadeaux de mon oncle,** comédie en un acte (5 personnages). In-18. 1 fr.

ADENIS (Eug.). **Ma nièce Hortense,** comédie en un acte (4 personnages). In-18. 1 fr.

## PROVERBES

CÉLIÈRES (Paul). **En scène, S. V. P.** Comprenant les 12 proverbes ci-dessous. 1 vol. in-18. 3 fr. 50

Tel oiseau tel nid (5 personnages) ; — Petite étincelle engendre grand feu (11 personnages) ; — Il n'est si petit qui ne compte (7 personnages) ; — Bon renom vaut un héritage (7 personnages) ; — Où la chèvre est liée... (2 personnages) ; — Tout est bien qui finit bien (6 personnages) ; — Il n'est chance qui ne retourne (6 personnages) ; — Loin des yeux, loin du cœur (6 personnages) ; — Absent le chat, les souris dansent (6 personnages) ; — Dire et faire sont deux (4 personnages) ; — Qui aime l'arbre aime la branche (5 personnages) ; — A beau mentir qui vient de loin (5 personnages).

*Chaque proverbe format in-18 : 1 franc.*

| | | |
|---|---|---|
| DUPEUTY (A.). | **Blanche de Césanne**, proverbe en un acte (5 personnages). In-8°. | 1 fr. 50 |
| NUITTER (Ch.). | **La Cage d'or**, proverbe en un acte (5 personnages). In-8°. | 1 fr. 50 |

## CHARADES EN ACTION

| | | |
|---|---|---|
| CÉLIÈRES (Paul). | **L'Incomparable Zuléma**, charade en trois parties (8 personnages). | 1 fr. |
| — | **Un Dîner de huit couverts**, charade en trois parties (2 personnages). | 1 fr. |
| — | **Le Gibier de Son Altesse**, charade en trois parties (9 personnages). In-18. | 1 fr. |
| — | **Le Nez du marquis**, charade en trois parties (7 personnages). In-18. | 1 fr. |
| ADENIS (Jules). | **Marionnette**, charade en trois parties (7 personnages). In-18. | 1 fr. |
| — | **La Fête de Colombine**, charade en trois parties (7 personnages). In-18. | 1 fr. |
| — | **L'Adroite Princesse**, charade en trois parties (6 personnages). In-18. | 1 fr. |

## MONOLOGUES

| | | |
|---|---|---|
| LALUYÉ (Léopold). | **Fleurissez-vous, Mesdames**. In-18. | 50 c. |
| — | **Ah! le bal!** In-18. | 50 c. |
| BEISSIER (Fern.). | **Le Nouveau**. In-18. | 50 c. |
| — | **Mon bon Monsieur Croquemitaine!** In-18. | 50 c. |
| — | **Petit Noël**. In-18. | 50 c. |
| — | **C'est pour demain!** In-18. | 50 c. |

## VAUDEVILLES

| | | |
|---|---|---|
| JOUSLIN DE LA SALLE. | **La Marquise invisible**, vaudeville en un acte (7 personnages). | 1 fr. 50 |
| DUFLOT (J.). | **Les Ouvrières de qualité**, vaudeville en un acte (7 personnages), musique de J. Nargeot. | |

## POÉSIES

| | | |
|---|---|---|
| PAUL CÉLIÈRES. | **Le Premier Brin d'herbe**. | 50 c. |
| — | **Un Rayon de soleil**, fantaisie. | 50 c. |
| — | **Une Larme**. | 50 c. |

Paris. — Typographie A. Hennuyer, rue Darcet, 7.

# A LA MÊME LIBRAIRIE

## CHARADES EN ACTION

CÉLIÈRES (Paul). Le Nez du marquis (7 personnages).
— L'Incomparable Zuléma (8 personnages).
— Un Dîner de huit couverts (2 personnages).
— Le Gibier de Son Altesse (9 personnages).
ADENIS (Jules). Marionnette (7 personnages).
— La fête de Colombine (7 personnages).
— L'Adroite Princesse (6 personnages).

*Chaque charade format in-18 : 1 franc.*

## MONOLOGUES

LALUYÉ (Léopold). Fleurissez-vous, Mesdames. In-18. 50 c.
— Ah ! le bal ! In-18. 50 c.
FERD. BEISSIER. Mon bon Monsieur Croquemitaine ! 50 c.
— Le Nouveau. 50 c.
— Petit Noël. 50 c.
— C'est pour demain ! 50 c.

## PROVERBES

DUPEUTY (A.). Blanche de Césanne, 1 acte (5 personnages). In-8°. 1 fr. 50
NUITTER (Ch.). La Cage d'or, 1 acte (5 pers.). In-8°. 1 fr. 50

## COMÉDIES

CÉLIÈRES (Paul). En scène, S. V. P. Comprenant 12 proverbes. 1 vol. in-18. 3 fr. 50
— Trente-cinq ans de bail, 1 acte (5 personnages). In-8°. 1 fr 50.
— L'Oiseau sur la branche, 1 acte (9 personnages). In-8°. 1 fr. 50
— Lilas blancs et Roses thé, 1 acte (6 personnages). In-8°. 1 fr. 50
— Le Voisin Géronte, 2 actes en vers, avec intermèdes (7 personnages). In-8°. 1 fr. 50
— L'Elixir d'Arlequin, 1 acte en vers (6 personnages). In-8°. 1 fr. 50
— Chacun pour soi, 1 acte en vers (6 personnages). In-8°. 1 fr. 50
ADENIS (Eug). Ma nièce Hortense, 1 acte (4 per.). In-18. 1 fr.
LALUYÉ (Léopold). L'Obus, 1 acte (4 personnages). In-8°. 1 fr. 50
— Azor et Lubin, 1 acte (5 pers.). In-8°. 1 fr. 50
— La Robe de bal, 1 acte (5 pers.). In-8°. 1 fr. 50
— Les quatre-vingts ans de la Chanoinesse, 1 acte (5 personnages). In-8°. 1 fr. 50
— Chassez le naturel..., 1 acte (5 personnages). In-18. 1 fr.
— Les cadeaux de mon oncle, 1 acte (5 personnages). In-18. 1 fr.

## VAUDEVILLES

JOUSLIN DE LA SALLE. La Marquise invisible, 1 acte (7 personnages). 1 fr. 50
J. DUFLOT. Les Ouvrières de qualité, 1 acte (7 personnages), musique de J. Nargeot. 3 fr.

www.ingramcontent.com/pod-product-compliance
Lightning Source LLC
LaVergne TN
LVHW021814170726
843503LV00007B/3189